LIGHTHOUSE

Vokabeltaschenbuch

6

Vokabel
Trainer
Cornelsen

Vokabeltrainer-App

Verfügbar für: iOS, Android und Windows Phone

Cornelsen

Das **Vocabulary** enthält alle neuen Wörter und Wendungen, die du lernen musst.
Sie stehen in der Reihenfolge, in der sie in deinem Englischbuch *EG Lighthouse 6* zum ersten Mal vorkommen.

p. = page (Seite)
pp. = pages (Seiten)
sb. = somebody (jemand)
sth. = something (etwas)
pl = *plural* (Mehrzahl)
infml = *informal* (umgangssprachlich)
AE = *American English*
BE = *British English*

English sounds

[iː]	green, he, sea
[ɑː]	ask, class, car, park
[ɔː]	or, ball, door, four, morning
[uː]	ruler, blue, too, two, you
[ɜː]	early, her, girl, work, T-shirt
[ɪ]	in, big, expensive
[e]	yes, bed, again, breakfast
[æ]	animal, apple, black, cat
[ʌ]	mum, bus, colour
[ɒ]	song, on, dog, what
[ʊ]	book, good, pullover
[ə]	again, today, a sister
[i]	happy, monkey

[eɪ]	name, eight, play, great
[aɪ]	I, time, right, my
[ɔɪ]	boy, toilet, noise
[əʊ]	old, no, road, yellow
[aʊ]	now, house
[eə]	where, pair, share, their
[ʊə]	tour

[b]	bike, table, verb
[p]	pen, paper, shop
[d]	day, window, good
[t]	ten, letter, at
[g]	go, again, bag
[k]	kitchen, car, back
[m]	man, remember, mum
[n]	no, one, ten
[ŋ]	wrong, young, uncle, thanks
[l]	like, old, small
[r]	ruler, friend, sorry
[w]	we, where, one
[j]	yes, you, uniform
[f]	family, after, laugh
[v]	very, seven, have
[s]	six, poster, yes
[z]	zoo, quiz, his, music, please
[ʃ]	she, station, English
[ʒ]	usually, revision, garage
[tʃ]	child, teacher, watch
[dʒ]	job, German, project, orange
[θ]	thing, three, bathroom, both
[ð]	the, father, with
[h]	house, who, behind

! Am besten kannst du dir die Aussprache der einzelnen Lautzeichen einprägen, wenn du dir zu jedem Zeichen ein einfaches Wort merkst – das [iː] ist der **green**-Laut, das [eɪ] ist der **name**-Laut usw.

The English alphabet

a	[eɪ]	**n**	[en]
b	[biː]	**o**	[əʊ]
c	[siː]	**p**	[piː]
d	[diː]	**q**	[kjuː]
e	[iː]	**r**	[ɑː]
f	[ef]	**s**	[es]
g	[dʒiː]	**t**	[tiː]
h	[eɪtʃ]	**u**	[juː]
i	[aɪ]	**v**	[viː]
j	[dʒeɪ]	**w**	['dʌbljuː]
k	[keɪ]	**x**	[eks]
l	[el]	**y**	[waɪ]
m	[em]	**z**	[zed]

Unit 1: Embrace diversity

p. 10 **embrace** [ɪm'breɪs]	annehmen, mit offenen Armen begrüßen; (sich) umarmen	Are you ready to ~ new ideas? They said goodbye and **~d**.
diversity [daɪ'vɜːsəti]	Vielfalt	Nomen: **diversity** – Adjektiv: **diverse** [daɪ'vɜːs] (vielfältig)
multicultural [mʌlti'kʌltʃərəl]	multikulturell	There are people from many different cultures in the USA. It is a ~ society.
rainbow ['reɪnbəʊ]	Regenbogen	a **rainbow** 
colonize ['kɒlənaɪz]	kolonisieren	
diamond ['daɪəmənd]	Diamant	! Betonung auf der 1. Silbe: **di**amond ['daɪəmənd]
mix [mɪks]	Mischung	There will be a ~ of music at the festival.
religion [rɪ'lɪdʒən]	Religion	Nomen: **religion** – Adjektiv: **religious** [rɪ'lɪdʒəs] (religiös) **religious building** = Sakralbau, Kirchengebäude
colourful ['kʌləfl]	farbenfroh, bunt	

wildlife ['waɪldlaɪf]	Tiere *(in freier Wildbahn)*, Tierwelt	You can find all kinds of ~ in Africa's national parks. The ~ of Africa is very different from the ~ in Europe.
low [ləʊ]	niedrig, tief	**high ◄► low** **the high season** (die Hauptsaison) **the low season** (die Nebensaison)
currency ['kʌrənsi]	Währung	Until 2001, Germany's ~ was the *Deutsche Mark*.
p. 11 **apartheid** [ə'pɑːtaɪt]	Apartheid *(früheres System der Trennung zwischen Weißen und Schwarzen in Südafrika)*	
segregate ['segrɪgeɪt]	trennen *(nach Hautfarbe/Religion/Geschlecht)*	Verb: **segregate** – Nomen: **segregation**
public ['pʌblɪk]	öffentlich	This is a ~ library. Everyone can borrow books here.
system ['sɪstəm]	System	! Betonung auf der 1. Silbe: **system** ['sɪstəm]
release sb. **from** sth. [rɪ'liːs]	jn. (aus etwas) freilassen, befreien	After 25 years, they were finally **~d from** prison.
multilingual [mʌlti'lɪŋgwəl]	mehrsprachig	David speaks English and Spanish at home and German at school. He is ~.

Theme 1

		slower **(back) ~**, she says. ! **then** = **1.** dann, danach; **2.** damals
elect sb. **(to be)** sth. [ɪ'lekt]	jn. zu etwas wählen	! *English:* They **elected** him president. *German:* Sie **wählten** ihn **zum** Präsidenten.
memory (of) ['meməri]	Erinnerung (an)	My dad lived in Berlin twenty years ago. He says he has very nice **memories** of the city. **in memory of** = in Gedenken an
access ['ækses]	Zugang, Zutritt	
poverty ['pɒvəti]	Armut	Adjektiv: **poor** – Nomen: **poverty**
unemployment [ʌnɪm'plɔɪmənt]	Arbeitslosigkeit	**unemployment** ◂▸ **employment** (Arbeit, Anstellung)
suburb ['sʌbɜːb]	Vorstadt, Vorort	It's so noisy here in the town centre that we have decided to move to a **~**.
baker ['beɪkə]	Bäcker/in	a **baker** 

relationship [rɪ'leɪʃnʃɪp]	Beziehung	I can talk to my mum about everything. We have a really good **~**.
totally ['təʊtəli]	völlig, total	Adverb: **totally** (völlig, total) I feel **totally** free. Adjektiv: **total** (Gesamt-) the **total** number of pupils
date sb. [deɪt]	mit jm. gehen; sich (regelmäßig) mit jm. treffen; eine Beziehung mit jm. haben	Dad **~d** mum for years before they got married.
opportunity [ɒpə'tjuːnəti]	Gelegenheit, Möglichkeit, Chance	My brother thinks he'll have better job **opportunities** if he spends a year in Britain.

German „Möglichkeit"

• **opportunity** oder **chance** werden verwendet, wenn „Möglichkeit" im Sinne von **„Gelegenheit, Chance"** gemeint ist. (**opportunity** ist etwas förmlicher als **chance**.)	After school, I had the **chance/opportunity** to go to Australia for a year. Dad says he'll have a better **chance/opportunity** of getting a job if we move to Bristol.
• Wenn „Möglichkeit" im Sinne von **„Art und Weise"** gemeint ist, kann man **way** verwenden.	We'll have to swim – there's no other **way** to get/of getting to the island.
• Wenn man sagen will, dass etwas möglicherweise der Fall sein könnte – aber es ist nicht sicher, vielleicht sogar unwahrscheinlich –, dann verwendet man **possibility**.	Is there a **possibility** of seeing the Queen when we are in London? There is a **possibility** of snow in May, but it's very unlikely.

			2. Dokument ['dɒkjumənt]
p. 13	**political** [pə'lɪtɪkl]	politisch	
	national holiday	Nationalfeiertag	France's **national ~** is 14th July. ! **holiday** = **1.** Urlaub; *(im Plural)* Ferien; **2.** Feiertag

Theme 2

p. 14	**in the wild** [waɪld]	in freier Wildbahn	
	in spite of [ɪn 'spaɪt əv]	trotz	**in ~ of** the bad weather = **although** the weather was bad
	unique [ju'niːk]	einzigartig, einmalig	Everyone's eyes are **~**. (All eyes are different.) Gareth has a **~** collection of Beatles CDs.
	informative [ɪn'fɔːmətɪv]	informativ, lehrreich	! Betonung auf der 2. Silbe: **informative** [ɪn'fɔːmətɪv]
	conservation [kɒnsə'veɪʃn]	(Natur-)Schutz, Erhaltung, Bewahrung	I am interested in animal **~** because too many animals are dying out!
	step [step]	treten *(einen Schritt tun)*	Nomen: **step** (Schritt; Stufe) – Verb: **step**
	edge [edʒ]	Rand, Kante	He's going to **step** off the **edge** in a second.

platform ['plætfɔːm]	Plattform; Rampe	! **platform** = **1.** Bahnsteig, Gleis; **2.** Plattform; Rampe
ostrich ['ɒstrɪtʃ]	Strauß *(Vogel)*	**Ostriches** are birds, but they can't fly. 
truly ['truːli]	wahrhaft(ig), wirklich	Mr Clark was ~ surprised that we sang *Happy Birthday* to him at the beginning of class.
weigh [weɪ]	wiegen	Which **~s** more: a kilo of apples or a kilo of paper?
be aimed at sb. [eɪmd]	sich an jn. richten	Mum's comment that the living room needs to be tidied up **was ~ at** me!
effective [ɪ'fektɪv]	effektiv, wirksam	Adjektiv: **effective** – Nomen: **effect** [ɪ'fekt] ! Betonung auf der 2. Silbe: **effective** [ɪ'fektɪv]
p. 15 **rather than** ['rɑːðə ðən]	anstelle von, (an)statt	She wants to stay at home **rather ~** go to the concert tonight. Olivia prefers to wear trousers ~ **than** dresses.
advance [əd'vɑːns]	Voraus-, Vorab-	an ~ warning/booking **in advance** = im Voraus
reply [rɪ'plaɪ]	Antwort	= answer Nomen: **reply** – Verb: **reply** (antworten, erwidern)

	besser als (etwas)	Adverb: **preferably**

prefer – preferable – preferably

• **prefer (to)**	vorziehen; lieber mögen (als)	I **prefer** basketball **to** football. I**'d prefer to** stay at home today.
• **preferable (to)**	*(einer anderen Sache)* vorzuziehen; besser (als)	Is buying a house **preferable to** renting one? It's **preferable** to buy organic food rather than cheap food from the supermarket.
• **preferably**	vorzugsweise, am liebsten	We'd like to buy a house, **preferably** in the town centre.

insight (into) [ˈɪnsaɪt]	Einblick (in), Verständnis (von)	The film gave me an **~ into** life in Vietnam.
human [ˈhjuːmən]	Mensch; menschlich	! **human** = **1.** Mensch – animals and **humans** **2.** menschlich – It's only **human**. Für das deutsche „Mensch" wird oft auch **human being** verwendet: The earth is much older than **human beings**.
creature [ˈkriːtʃə]	Geschöpf, (Lebe-)Wesen	Last night I watched a scary movie about **~s** from Mars. ! Betonung auf der 1. Silbe: **creature** [ˈkriːtʃə]

Focus on language

p. 16	**instead of** [ɪn'sted əv]	anstatt, anstelle von	→ **instead of – instead** • I'd like pasta **instead of** chips, please. (= **anstelle von**) • I don't like chips. Can I have pasta **instead**? (= **stattdessen**)
	confused [kən'fjuːzd]	verwirrt	I was ~ when someone called traffic lights a "robot".
	in fact [ɪn 'fækt]	eigentlich, um genau zu sein	My homework wasn't hard. **In ~**, it only took me ten minutes.
	majority [mə'dʒɒrəti]	Mehrheit, Mehrzahl	There are 16 girls and 13 boys in my class. The girls are in the ~.
	century ['sentʃəri]	Jahrhundert	There are one hundred years in a ~.
	lingua franca [lɪŋgwə 'fræŋkə]	Lingua Franca (Verkehrssprache)	English is a ~ **franca** in many parts of the world.
p. 17	**permanent** ['pɜːmənənt]	permanent, (be)ständig	Is that a ~ tattoo?
	question mark ['kwestʃən mɑːk]	Fragezeichen	

.	**full stop** [fʊl 'stɒp]	Punkt	?	**question mark** ['kwestʃən mɑːk]	Fragezeichen
,	**comma** ['kɒmə]	Komma	!	**exclamation mark** [ekskləˈmeɪʃn mɑːk]	Ausrufezeichen
:	**colon** ['kəʊlən]	Doppelpunkt	-	**hyphen** ['haɪfn]	Bindestrich

p. 18	**typical (of)** ['tɪpɪkl]	typisch (für)	! *English:* What food is **typical of** your area? *German:* Welches Essen ist **typisch für** deine Gegend?
	false friend [fɔːls 'frend]	„falscher Freund", Übersetzungsfalle	The English word "become" is a **false ~**: it looks like German "bekommen", but it means "werden".

Text

pp. 19–21 and pp. 106–107

take care of sb./sth. [teɪk 'keə]	sich um jn./etwas kümmern	I **take ~ of** my little brother when mum has to work late.
not (...) any more [eni 'mɔː]	nicht mehr	This bag is very old. I do**n't** use it **any ~**.
return [rɪ'tɜːn]	zurückkehren, zurückkommen	I **~ed** to my hometown after 20 years. It had changed a lot.
crowded ['kraʊdɪd]	voller Menschen; überfüllt	! *English:* The city was very **crowded**. *German:* In der Stadt war es sehr voll. / Die Stadt war voller Menschen.

shop window [ʃɒp 'wɪndəʊ]	Schaufenster	a **shop window** 
frightened ['fraɪtnd]	verängstigt	→ **frighten, frightened, frightening** • **it frightens me** = es macht mir Angst • **be frightened of** sth. = vor etwas Angst haben • **it's frightening** = es ist beängstigend
stranger ['streɪndʒə]	Fremde(r)	
a two-bedroomed flat ['bedru:md]	eine Wohnung mit zwei Schlafzimmern	
council flat ['kaʊnsl flæt]	Sozialwohnung	**council** = Rat, Gemeinderat, Stadtverwaltung
above [ə'bʌv]	oben; über, oberhalb (von)	They were standing on the roof. The cars looked very small from **~**. We live in a small flat **~** a bookshop. **above ◄► below**
somehow ['sʌmhaʊ]	irgendwie	**Somehow** I'll earn enough money for a new computer.
heat [hi:t]	erwärmen, erhitzen	Adjektiv: **hot** – Verb: **heat** – Nomen: **heat**
microwave ['maɪkrəweɪv]	Mikrowelle	**heating** a meal in the **microwave** 

make oneself comfortable	es sich gemütlich machen	so we **made our-selves ~** in front of the fireplace. 
people ['pi:pl]	Volk	**!** **people** = **1.** Menschen – A lot of **people** are afraid of dogs. **2.** Volk – the Zulu **people** (das Volk der Zulu) the native **people**<u>s</u> of Africa (die Urvölker Afrikas)
decision [dɪ'sɪʒn]	Entscheidung	**make a decision** = eine Entscheidung fällen Verb: **decide** – Nomen: **decision**
silent ['saɪlənt]	still, ruhig; lautlos	**fall silent** = still werden, verstummen
be about to do sth.	im Begriff sein, etwas zu tun; kurz davor sein, etwas zu tun	I **was ~ to** leave the house when my phone rang.
from now on	von nun an, ab jetzt	**From ~ on**, I will make my bed every day. I promise.
passport ['pɑ:spɔ:t]	(Reise-)Pass	
hug [hʌg]	(sich) umarmen	I **~ged** my mum. = We **~ged**. Verb: **hug** – Nomen: **hug** (Umarmung)

characterization [kærəktəraɪ'zeɪʃn]	Charakterisierung	
characterize sth. ['kærəktəraɪz]	etwas charakterisieren, kennzeichnen; für etwas charakteristisch sein	Modern architecture **~s** this part of the city.
response [rɪ'spɒns]	Reaktion, Antwort	Nomen: **response** – Verb: **respond** [rɪ'spɒnd] (reagieren, antworten)

! Wenn du den Text auf den Seiten 19–21 gelesen hast, kannst du die folgenden neuen Wörter daraus zusätzlich lernen.

pp. 19–21

°**tunnel** ['tʌnl]	Tunnel	! Aussprache: **tunnel** ['tʌnl]
°**cover** ['kʌvə]	bedecken	Black and grey clouds **~ed** the sky. 
°**sudden** ['sʌdn]	plötzliche(r, s)	! • His **sudden** departure surprised us all. (Seine **plötzliche** Abreise …) • We were surprised when he **suddenly** left. (…, als er **plötzlich** aufbrach)

		etwas erhaschen; etwas nur kurz zu sehen bekommen I was shocked when I caught a ~ of myself in the mirror.
°**echo** ['ekəʊ]	(wider)hallen	Verb: **echo** – Nomen: **echo,** *pl* **echoes**
°**hurry** ['hʌri]	sich beeilen; eilen	Verb: **hurry** – Nomen: **hurry** **be in a hurry** = es eilig haben, in Eile sein
°**every now and again**	ab und zu, von Zeit zu Zeit	= sometimes
°**certainly** ['sɜːtnli]	sicher(lich), gewiss	I can ~ understand that you do not want to take the train at 5 am, but it is 100 euros cheaper than the train at 7 am.
°**... and neither did I.** ['naɪðə]	... und ich auch nicht.	You didn't buy milk? Well, **~ did I**.
°**gulp** sth. **down** [gʌlp 'daʊn]	etwas hinunterschlingen, *(Getränk)* hinunterstürzen	She **~ed down** her drink and left the bar in a hurry.
°**straight** [streɪt]	direkt, gleich	We bought a takeaway pizza and ate it ~ from the box.
°**carton** ['kɑːtn]	(Papp-)Karton; Packung	! Betonung auf der 1. Silbe: **carton** ['kɑːtn]
°**leftover** pizza/cake/... ['leftəʊvə]	übrig gebliebene Pizza/ übrig gebliebener Kuchen/...	

°turn yellow	gelb werden	
°olive ['ɒlɪv]	Olive	 **olives**
°pineapple ['paɪnæpl]	Ananas	 **pineapple**
°drift [drɪft]	sich bewegen, driften; *(Gedanken)* wandern	The crowd **~ed** towards the stage when the concert started. When I read the story, my thoughts **~ed** to California and the beach.
°sigh [saɪ]	seufzen	
°ring [rɪŋ]	Ring	 **rings** 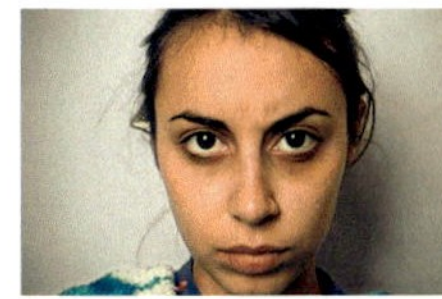 She has dark **rings** under her eyes.
°pale [peɪl]	blass, bleich	
°besides [bɪ'saɪdz]	außerdem	It's too late to go to the cinema. And **~**, I've already seen the film.

°**dishes** *(pl)* ['dɪʃɪz]	Geschirr	**dirty dishes** 
°**dustbin** ['dʌstbɪn]	Mülleimer	
°**struggle** ['strʌgl]	kämpfen, sich abmühen	I am **struggling** to understand my French homework. I have so much trouble with the conditional!
°**fear** [fɪə]	Angst	I was afraid but didn't show my **~**. ! **Angst haben (vor)** = **be afraid/scared/frightened (of)**
°**turn away**	sich abwenden, sich wegdrehen	He didn't say anything, he just **~ed away** and smiled.
°**stream** [striːm]	strömen	Tears were **~ing** down the little boy's face.
°**shake** [ʃeɪk], **shook** [ʃʊk], **shaken** ['ʃeɪkən]	zittern; schütteln	His whole body was **~ing**.
°**financial** [faɪ'nænʃl]	finanziell	! Betonung auf der 2. Silbe: **financial** [faɪ'nænʃl]
°**difficulty** ['dɪfɪkəlti]	Schwierigkeit(en)	Adjektiv: **difficult** – Nomen: **difficulty**

°**talk** sth. **over (with** sb.**)**	etwas (mit jm.) besprechen	I need to **talk** something **~** with Mr Clark, then I'll come over to your house.
°**terror** ['terə]	(panische) Angst	
°**Where ... anyway?** ['eniweɪ]	Wo … überhaupt?	Trecwn? How do you say that? And **where** exactly is this place, **anyway?** (*etwa:* Wo genau ist das denn überhaupt?)
°**... and off we went to ...**	… ab ging's nach …	
°**bits** *(pl)* [bɪts] *(infml)*	Teile, Stückchen	I have seen **bits** on television … = Ich hab (mal) ein bisschen (was) im Fernsehen gesehen …
°**television** ['telɪvɪʒn]	Fernsehen	
°**Do they even have streets?** ['iːvn]	Haben sie überhaupt Straßen?	
°**forever** [fər'evə] (*BE auch:* **for ever)**	für immer, ewig (lange)	I hope they arrive soon. We can't wait **~**.

Skills training

p. 22	**giraffe** [dʒə'rɑːf], *pl* **giraffe** *or* **giraffes**	Giraffe	two **giraffes** ! Aussprache: **giraffe** [dʒə'rɑːf]

	etwas einsetzen	**1.** ausfüllen – **fill in** a form **2.** einsetzen – **fill in** your name/the right word/the missing information
gap [gæp]	Lücke	The horses escaped through a **~** in the fence. Fill in the **~s** with the right verb from the box.
Wi-fi ['waɪ faɪ]	WLAN	
check-in ['tʃek ɪn]	Check-in, Einchecken	
facilities *(pl)* [fə'sɪlətiz]	Einrichtungen, Anlage(n), Geräte	The **~** at the first hotel were much better than the ones here!
thief [θiːf], *pl* **thieves** [θiːvz]	Dieb/in	**Thieves are operating in this area.** (Vor Dieben in diesem Bereich wird gewarnt!)
operate ['ɒpəreɪt]	arbeiten, tätig sein	
unattended [ʌnə'tendɪd]	unbeaufsichtigt	**Unattended bags will be removed immediately.** (Unbeaufsichtigtes Gepäck wird sofort beseitigt.)
remove sth. [rɪ'muːv]	etwas entfernen, beseitigen	
immediately [ɪ'miːdiətli]	sofort	

	sth. **may** be destroyed [meɪ]	etwas wird möglicherweise vernichtet	I **may** go to Scotland next year, but I'm not sure yet. (Vielleicht fahre ich …)
p. 23	**wallet** ['wɒlɪt]	Brieftasche, Börse	
	be missing (from) ['mɪsɪŋ]	fehlen (bei/in)	When I arrived home, I noticed that my keys **were ~**. I couldn't open the door.
	ID [aɪ 'diː] **(= identification** [aɪdentɪfɪ'keɪʃn]**)**	Ausweis; Identifizierung, Legitimation	! *English:* Do you have any **ID**? *German:* Können Sie sich ausweisen?
	student card ['stjuːdnt kɑːd]	Schülerausweis; Studentenausweis	
	report sth. **(to)** [rɪ'pɔːt]	etwas melden, anzeigen (bei) *(z.B. bei der Polizei)*	You should ~ this **to** the police. The car **was ~ed** stolen. (… wurde als gestohlen gemeldet.)
p. 24	**mediation** [miːdi'eɪʃn]	Vermittlung, Sprachmittlung	Nomen: **mediation** – Verb: **mediate** ['miːdieɪt] (vermitteln)
	historical [hɪ'stɒrɪkl]	historisch, geschichtlich	There are a lot of ~ buildings in Paris.
	monument ['mɒnjumənt]	Monument, Denkmal	! Betonung auf der 1. Silbe: **monument** ['mɒnjumənt]
	provide [prə'vaɪd]	(an)bieten, zur Verfügung stellen	The hotel **~s** free Wi-fi.
	daily ['deɪli]	täglich	Two ~ meals are included in the price. (= Two meals per day …)

		(= at least £80) per month.
translate [træns'leɪt]	übersetzen	
p. 25 **some day** ['sʌm deɪ]	eines Tages	**Some ~** I will move to Japan.
reaction (to) [ri'ækʃn]	Reaktion (auf)	Verb: **react (to)** – Nomen: **reaction (to)**
stick [stɪk], **stuck, stuck** [stʌk]	(haften) bleiben	I can't get that song out of my head. It's **stuck** in my mind.
mind [maɪnd]	Geist, Verstand; Gedanken	I will never forget the final scene of that film. It will always stick in my **~**. (= … wird mir immer im Gedächtnis bleiben)
technique [tek'ni:k]	Methode, Technik	! Betonung auf der 2. Silbe: **tech<u>nique</u>** [tek'ni:k]
voice-over ['vɔɪs əʊvə]	Off-Stimme; (Film-)Kommentar	
close-up ['kləʊs ʌp]	Nahaufnahme *(Film)*	! • Adjektiv: **close (to)** [kləʊs] nah, dicht (bei, an) *Many people don't like it if you stand too* **~ to** *them.* • Verb: **close** [kləʊz] schließen
medium shot ['mi:diəm ʃɒt]	Halbtotale *(Film)*	**medium** = mittel(groß); mittlere(r, s)
shot [ʃɒt]	Aufnahme, Foto; *(Film)* Einstellung	! **shot** = **1.** Schuss; **2.** (Kamera-)Einstellung, Aufnahme *(Film)*

	long shot ['lɒŋ ʃɒt]	Totale *(Film)*	
	swap [swɒp]	tauschen	**swap places/roles with sb.** = mit jm. die Plätze/Rollen tauschen

Unit 2: Take a stand!

p. 32	**take a stand (on/against** sth.**)**	Stellung beziehen (zu/gegen etwas)	I think it's important to **take a** strong **~ on/against** cyberbullying. (= to make it very clear that you are against cyberbullying) **stand** = Standpunkt, Haltung
p. 33	**create** [kri'eɪt]	(er)schaffen, kreieren	Jonathan **~d** a special smoothie for his mum.

Theme 1

p. 34	**activism** ['æktɪvɪzəm]	Aktivismus	**activist** ['æktɪvɪst] = Aktivist/in
	demonstration [demən'streɪʃn]	Demonstration	
	protest ['prəʊtest]	Protest(demonstration)	Verb: **pro<u>test</u>** [prə'test] – Nomen: **<u>pro</u>test** ['prəʊtest]
	these days	heutzutage	! Betonung auf **these**: **<u>these</u> days** ['ði:z deɪz]
	airbrush ['eəbrʌʃ]	*(Foto)* retuschieren, nachbessern	That photo doesn't look like you at all. Did someone **~** it?
	petition [pə'tɪʃn]	Petition, Unterschriften-sammlung	

		Nomen: **signature** ['sɪgnətʃə]
power ['paʊə]	Macht, Kraft, Stärke	
estimate ['estɪmeɪt]	schätzen	I ~ that we'll be at grandma's around 3 pm.
get involved in sth. [ɪn'vɒlvd]	sich an etwas beteiligen, sich bei etwas engagieren	→ **get involved – be involved** • Lots of young people **get involved in** social projects. (**sich beteiligen/engagieren**) • **Are** you **involved in** this year's school play? (**beteiligt/engagiert sein**)
meme [mi:m]	Internet-Mem, Internetphänomen	= an idea, image, video, website, etc. which people get to know via the internet
point sth. **out** [pɔɪnt 'aʊt]	auf etwas hinweisen, auf etwas aufmerksam machen	At the meeting Mr Jones **~ed out** that profits had gone down.
via ['vaɪə]	über, durch, per	We flew to New York ~ Frankfurt.
troll [trəʊl]	Troll, Kobold; *(in Online-Medien)* Provokateur/in	a **troll** 
hurtful ['hɜ:tfl]	verletzend	a ~ comment = a comment that hurts/that might hurt

loads (of) [ləʊdz] *(infml)*	eine Menge	= lots (of)
p. 35 **complete** [kəm'pliːt]	vollständig	Verb: **complete** (vervollständigen) – Adjektiv: **complete** – Adverb: **completely**
solve a problem [sɒlv]	ein Problem lösen	We had loads of problems at first, but in the end we **~d** them all.

Theme 2

p. 36 **care about** sth. [keə]	etwas wichtig nehmen	

care (about)

Do you care?	Kümmert dich das?/Interessiert dich das?
Does anybody care about our oceans?	Interessiert sich irgendjemand für unsere Ozeane?
I didn't care about money when I was younger.	Geld war mir egal/war mir nicht wichtig, ...
You should care about your health.	Deine Gesundheit sollte dir wichtig sein.
I don't eat meat. **I really care about** animals.	... Tiere liegen mir sehr am Herzen.
They are really rich. – **Who cares?**	... – Na und?/Wen interessiert das?

chancellor ['tʃɑːnsələ]	(Bundes-)Kanzler/in	
prime minister [praɪm 'mɪnɪstə]	Premierminister/in	The British **prime ~** lives at 10 Downing Street, London.

		Politics is very interesting for some people, and **it is** very boring for others.
pay attention (to) [ə'tenʃn]	aufmerksam zuhören; achten (auf), aufpassen (auf)	• Could you all please **pay ~ to** what Ms Evans is going to tell you? • **attention** = Aufmerksamkeit Can I have everybody's ~ now, please?

„Achtung, Achtung!“

pension ['penʃn]	Rente, Pension	**! False friends:** *English* **pension** = *German* **Rente** *English* **guest house** = *German* **Pension**
ages *(pl)* ['eɪdʒɪz] *(infml)*	eine Ewigkeit	We had to wait for ~. (= ewig lange) It took us ~ to find their house.
what politics is about	worum es in der Politik geht	
prove [pruːv]	beweisen; nachweisen	• I'm innocent! I didn't take the money. – Can you ~ it? • **prove sb. wrong** = beweisen, dass jemand Unrecht hat
choice [tʃɔɪs]	(Aus-)Wahl	verb: **choose, chose, chosen** – noun: **choice**

	have a say (in sth.**)**	ein Mitspracherecht haben (in/ bei etwas)	• I **had** no **~** in this decision. • **have one's say** = die/seine Meinung äußern What should change in our town? **Have your ~**!
	democracy [dɪ'mɒkrəsi]	Demokratie	! Betonung auf der 2. Silbe: **de<u>mo</u>cracy** [dɪ'mɒkrəsi]
p. 37	**politician** [pɒlə'tɪʃn]	Politiker/in	

Focus on language

p. 38	**robber** ['rɒbə]	Räuber/in	a **robber**

	demand [dɪ'mɑːnd]	fordern, verlangen	The workers **~ed** more money. Verb: **demand** – Nomen: **demand** (Forderung)
	praise [preɪz]	loben, rühmen	His teacher **~d** him for his hard work. Verb: **praise** – Nomen: **praise** (Lob)
	come across sth.	auf etwas stoßen, etwas *(zufällig)* finden	After two hours we **came ~** a beautiful village.
	refugee [refju'dʒiː]	Flüchtling	
	survival [sə'vaɪvl]	(das) Überleben	Nomen: **survival** –

stage [steɪdʒ]	Bühne	
news item [njuːz 'aɪtəm]	Nachrichtenmeldung, Pressemeldung	**item** = Artikel, Gegenstand: I took my **~s** to the cash desk.
performer [pə'fɔːmə]	Künstler/in, Darsteller/in	

perform – performer – performance

• **perform**	aufführen; durchführen auftreten *(Künstler/in)*	**Perform** the play/scene/dialogue for your class. The Beatles first **performed** in the USA in 1964.
• **performer**	Künstler/in	We walked along the Thames and watched the street **performers** on the Embankment.
• **performance**	Aufführung, Vorstellung; Auftritt	The Beatles' first **performance** in the USA was a huge success.

	interrupt [ɪntə'rʌpt]	unterbrechen	It's rude to ~ people when they're talking.
p. 39	**be in progress** ['prəʊgres]	im Gange sein	

take place [teɪk 'pleɪs]	stattfinden	Our next school trip will **take ~** in October. ❗ **False friends:** *English* **take place** = *German* **stattfinden** *English* **take a seat** = *German* **Platz nehmen** *(sich hinsetzen)*
raise money (for sth.**)** [reɪz]	Geld sammeln, auftreiben (für etwas)	My class **~d money** for a trip to England.
p. 40 **wonderful** ['wʌndəfl]	wunderbar	
gingerbread ['dʒɪndʒəbred]	Honigkuchen, Pfefferkuchen	 a **gingerbread** man  a **gingerbread** house
delicious [dɪ'lɪʃəs]	köstlich, lecker	The pizza looked **~**, but it didn't smell very nice.
comparison [kəm'pærɪsn]	Vergleich	Verb: **compare** – Nomen: **comparison** On this website you can make **~s** between different schools. ❗ *English:* **make comparisons** *German:* **Vergleiche anstellen; vergleichen**
afterwards ['ɑːftəwədz]	hinterher, danach	We had fish and chips, and **~** we went for an ice cream.

pp. 41–43 and pp. 121–122

forever (*BE auch:* **for ever)** [fər'evə]	für immer, ewig (lange)	I hope they arrive soon. We can't wait **~**.
novel ['nɒvl]	Roman	
needle ['niːdl]	Nadel; Kanüle	

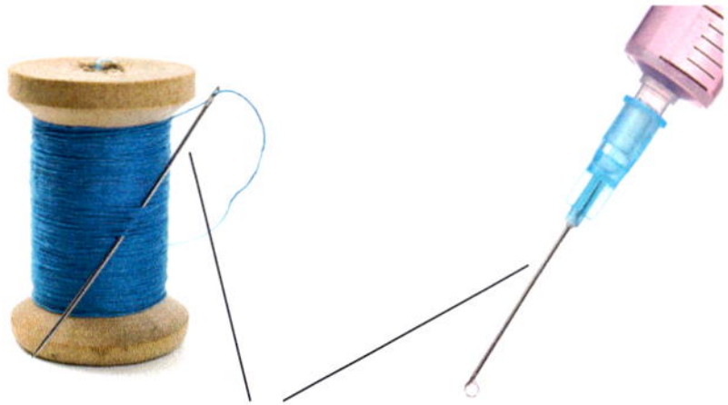

come sb.'s **way**	auf jn. zukommen	Can you hear the train **coming our ~**?

way

1. Art und Weise	I like the **way** they dance in the video.	… die Art und Weise, wie sie … tanzen
2. Weg	Excuse me, can you tell us the **way** to the station?	… den Weg zum Bahnhof …
3. Richtung	Stop! You're going **the wrong way**. We have to go **this way**.	… in die falsche Richtung. … hier entlang/in diese Richtung

headlight ['hedlaɪt]	Scheinwerfer(licht)	**headlights** 
lift [lɪft]	Mitfahrgelegenheit	Anyone going to Brighton next Saturday? I'm looking for a **~**. **!** *English:* You don't have to walk. I can **give you a lift**. *German:* … Ich kann **dich mitnehmen**.
mad [mæd]	wahnsinnig, verrückt	You want to go out in this weather? You must be **~**.
chase [tʃeɪs]	Verfolgung, Verfolgungsjagd	Verb: **chase** – Nomen: **chase**
cop [kɒp] *(infml)*	Bulle *(Polizist/in)*	
put sth. **on**	etwas einschalten	
siren ['saɪrən]	Sirene	**!** Betonung und Aussprache: **siren** ['saɪrən]
flash [flæʃ]	blinken, leuchten	The police car's blue light was **~ing**. **!** **flash one's headlights** = aufblenden, die Lichthupe betätigen   **flashlight** *(AE)* /

crash (into) [kræʃ]	zusammenstoßen (mit); einen Unfall haben	→ **crash (into)** • We/The car **crashed into** a van. • We/The car went off the road and **crashed into** a tree. • They **crashed**, and the driver had to be pulled out of the car. • The plane **crashed into** a block of flats.
explosion [ɪk'spləʊʒn]	Explosion	! Betonung auf der 2. Silbe: **explosion** [ɪk'spləʊʒn]
burn [bɜːn]	Verbrennung, Brandverletzung	Verb: **burn** – Nomen: **burn** **burns unit** *(in a hospital)* = Abteilung für Verbrennungen/Brandverletzungen
alarmed [ə'lɑːmd]	beunruhigt	The manager was ~ because profits had gone down.
over time	im Laufe der Zeit	**Over ~** I learned to love vegetarian food.
joyriding ['dʒɔɪraɪdɪŋ]	Joyriding *(eine Spritztour mit einem gestohlenen Auto machen)*	

change one's mind	es sich anders überlegen	Daniel had wanted to go out, but then he **~d his mind** and stayed home.
		! Wenn du den Text auf den Seiten 41–43 gelesen hast, kannst du die folgenden neuen Wörter daraus zusätzlich lernen.

pp. 41–43

°**head somewhere** [hed]	in eine Richtung gehen/fahren	After school we all **~ed** home. He got up and **~ed** for the door.
°**walk** sb. **to ...**	jn. nach .../zu ... begleiten; jn. nach .../zu ... bringen *(zu Fuß)*	Jake always **~s** his girlfriend home/**to** the door.
°**cut through** sth. [kʌt]	etwas durchqueren; eine Abkürzung durch ... nehmen	
°**housing estate** ['haʊzɪŋ ɪsteɪt]	Wohnsiedlung	 a **housing estate**
°**high-rise building** [haɪ raɪz 'bɪldɪŋ]	Hochhaus	 **high-rise buildings**
°**screech** [skriːtʃ]	kreischen; *(Reifen, Bremsen)* quietschen	The car came to a stop with **~ing** tyres.
°**approach** [ə'prəʊtʃ]	sich nähern, näher kommen	As we **~ed** our house, we saw that the front

full beam [biːm]

°**pull up**	anhalten, an den Straßenrand fahren	A taxi **~ed up** beside the man, and he got in.
°**persuade** [pə'sweɪd]	überreden, überzeugen	I didn't want to go to the party, but then Paul **~d** me that it would be fun.
°**furious** ['fjʊəriəs]	wütend	= very angry
°**be supposed to be/do** sth. [sə'pəʊzd]	etwas tun sollen/ etwas sein sollen	We**'re** not **~ to** use our mobiles at school, but some of us do. I haven't heard their new CD yet, but it**'s ~ to** be really good.
°**speed** [spiːd], **sped, sped** [sped]	rasen, zu schnell fahren	Verb: **speed** – Nomen: **speed** (Geschwindigkeit)
°**speed hump** ['spiːd hʌmp]	Bodenschwelle, Bremsschwelle *(zur Verkehrsberuhigung)*	a **speed hump**  **hump** = Buckel, Hindernis
°**mate** [meɪt] *(infml)*	Freund/in, Kumpel	On Saturdays I always hang out with my **~s**.

°**scar** [skɑː]	Narbe	
°**put your foot down**	Gas geben *(Auto)*	
°**right behind him**	direkt hinter ihm	
°**junction** ['dʒʌŋkʃn]	(Straßen-)Kreuzung	
°**straight** [streɪt]	direkt, gleich	We bought a takeaway pizza and ate it ~ from the box.
°**damage** ['dæmɪdʒ]	(be)schädigen, schaden	Alcohol can ~ your health. The car was badly **~d**. (schwer beschädigt) Verb: **damage** – Nomen: **damage** (Schaden, Schäden)
°**unconscious** [ʌn'kɒnʃəs]	bewusstlos	
°**bloody** ['blʌdi]	blutig, voller Blut	Verb: **bleed, bled, bled** – Nomen: **blood** – Adjektiv: **bloody**
°**grab** [græb]	packen, greifen (nach)	I was late, so I **~bed** my school bag and ran

a **scar**

a **junction**

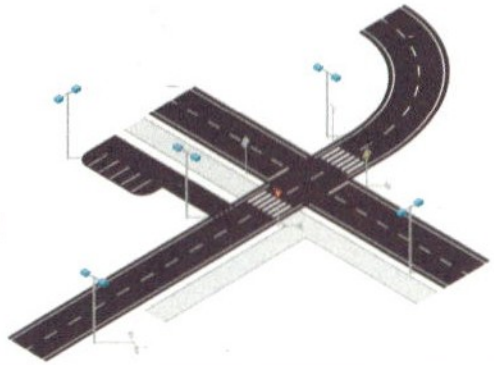

paramedic	Rettungssanitäter/in	
°**stretcher** ['stretʃə]	Trage, (Trag-)Bahre	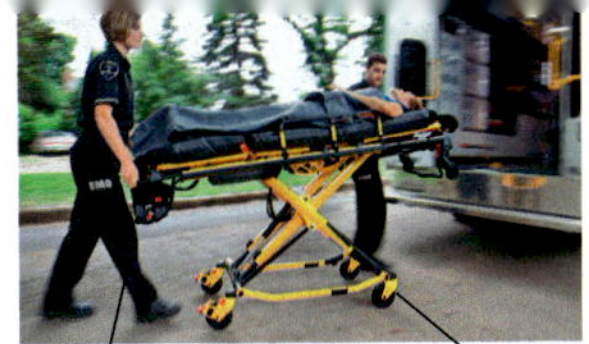
°**rush** sb. **to …** [rʌʃ]	jn. auf dem schnellsten Weg nach … / zu … bringen	The driver was badly hurt, so the paramedics **~ed** him **to** the nearest hospital.
°**sleepless** ['sliːpləs]	schlaflos	We missed our plane and spent a ~ night at the airport.
°**love** [lʌv] *(infml)*	Liebling	
°**take it easy**	sich schonen	! **Take it easy.** *(infml)* = **1.** Reg dich nicht auf. / Bleib mal locker. **2.** Schone dich.
°**lie back**	sich zurücklehnen, sich entspannen	
°**nurse** [nɜːs]	(Kranken-)Pfleger/in	three **nurses** 

°**serious** ['sɪəriəs]	ernst(haft)	a **serious** accident/illness/problem/...
°**bruise** [bru:z]	Bluterguss, Prellung	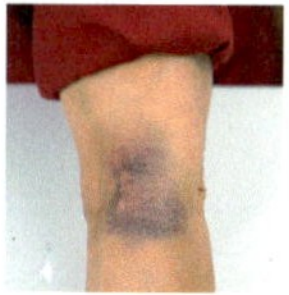 a **bruise**  **bones**
°**bone** [bəʊn]	Knochen	
°**counsellor** ['kaʊnsələ]	Berater/in; Betreuer/in	The high school ~ will help you if you have problems.

Skills training

p. 45	**revolution** [revə'lu:ʃn]	Revolution	! Betonung auf der 3. Silbe: **revolution** [revə'lu:ʃn]
	wage ['weɪdʒ], *oft auch:* **wages** *(pl)*	Lohn, Gehalt	When dad was young, he had a ~ of £180 per week. These days, his **~s** are much higher.
	conditions *(pl)* [kən'dɪʃnz]	Bedingungen, Verhältnisse	It's too cold and too noisy in this office. I can't work in these ~.
	keep an eye on sb./sth.	jn./etwas im Auge behalten; ein (wachsames) Auge auf jn./etwas haben	**Keep an** ~ on your little brother, please. I have to make a phone call.
	sweatshop ['swetʃɒp]	Ausbeutungsbetrieb	

factory ['fæktəri]	Fabrik	
impossible [ɪm'pɒsəbl]	unmöglich	It's ~ to run a mile in two minutes. **possible ◄► impossible**
inside out [ɪnsaɪd 'aʊt]	verkehrt herum, auf links *(Kleidung)*	You're wearing your T-shirt **inside ~**.
p. 46 **engineer** [endʒɪ'nɪə]	Ingenieur/in; Techniker/in	**software engineer** = Softwareentwickler/in
billboard ['bɪlbɔːd] *(AE)*	Plakatwand, Werbeplakat	
recruitment [rɪ'kruːtmənt]	Anwerbung, Einstellung *(von Personal)*	The ~ campaign for next year's teachers will start in February.
quote [kwəʊt]	Zitat	Nomen: **quote** – Verb: **quote** (zitieren)
put sth. **up**	etwas aufhängen *(Bild usw.)*	 They're **putting up** a picture.

feature ['fiːtʃə]	vorkommen, mitwirken	She **was ~d** in the campaign. (Sie wurde in der Kampagne gezeigt/war Teil der Kampagne.)
receive [rɪ'siːv]	erhalten, empfangen	a more formal word for **get** **receive a letter ◄► send a letter**
encourage [ɪn'kʌrɪdʒ]	ermutigen, ermuntern	My parents **~d** me to apply for the job.
male [meɪl]	männlich; männliche Person, männliches Tier	The police are looking for a 40-year-old **~**. **male ◄► female**
stereotype ['steriətaɪp]	Stereotyp, Klischee(vorstellung)	The film's main character doesn't seem real to me. It's just the ~ of a schoolgirl in love.
people of colour	Nichtweiße, Menschen nicht-weißer Hautfarbe	
minority [maɪ'nɒrəti]	Minderheit	The boys in our class are in the **~**. (= There are more girls than boys in our class.) **majority ◄► minority**
engineering [endʒɪ'nɪərɪŋ]	Ingenieurwesen, Maschinen-bau, Technik	
career [kə'rɪə]	Karriere; (schulischer/berufli-cher) Werdegang	"Should I have children first, or a ~ first?" she asked herself.
gender ['dʒendə]	Geschlecht *(als soziales Merkmal)*	
just about	so ziemlich, nahezu; (so) ungefähr	She knows **just ~** everything about cars.

	Drehort)	
storyline ['stɔːrilaɪn]	Handlung *(z.B. eines Films/ einer Geschichte)*	
script [skrɪpt]	Drehbuch	
rescue ['reskjuː]	retten	He fell into the river, but a dog **~d** him. Verb: **rescue** – Nomen: **rescue** (Rettung(sdienst))
identify [aɪ'dentɪfaɪ]	erkennen, identifizieren	Do you think you can **~** the boy who took your bike?

Unit 3: Future visions

pp. 54–55

vision ['vɪʒn]	Vision; Vorstellung	Is the driverless car just a **~** of the future? ! Betonung auf der 1. Silbe: **vision** ['vɪʒn]
exoskeleton ['eksəʊskelɪtn]	Exoskelett, Außenskelett	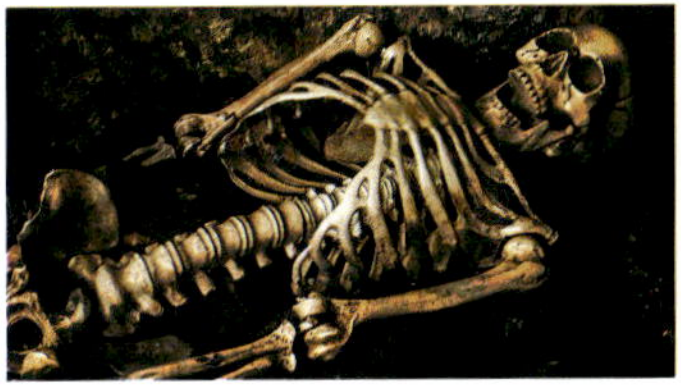 **skeleton** ['skelɪtn] = Skelett.

use [juːs]	Gebrauch, Verwendung	**make use of sth.** = Gebrauch machen von etwas, etwas nutzen My flat is very small, so I have to find clever ways to **make ~ of** the little space I have. ! Verb: **use** [juːz] – Nomen: **use** [juːs]
firefighter ['faɪəfaɪtə]	Feuerwehrmann/-frau	
deliver [dɪ'lɪvə]	(aus)liefern	Stay at home and be lazy! We ~ pizzas to your door.
drone [drəʊn]	Drohne	 a **drone**
parcel ['pɑːsl]	Paket, Päckchen	
medicine ['medsn]	Medizin; Arznei(mittel), Medikament	! Betonung auf der 1. Silbe: **<u>me</u>dicine** ['medsn]
contact lens ['kɒntækt lenz]	Kontaktlinse	
power ['paʊə]	Energie, Strom	! **power** = **1.** Energie, Strom; **2.** Macht, Kraft, Stärke

scientist ['saɪəntɪst]	(Natur-)Wissenschaftler/in	

Theme 1

p. 56 **watch** [wɒtʃ]	Armbanduhr	a **watch** 
touch [tʌtʃ]	berühren, anfassen	Don't ~ the plates. They're hot.
wearable ['weərəbl]	tragbar *(Kleidung)*	How many ~ electronic products do you own?
device [dɪ'vaɪs]	Gerät, Apparat	A watch is a ~ that tells you the time.
wireless ['waɪələs]	drahtlos, Funk-	

-less („-los")

driverless	fahrerlos, führerlos	**helpless**	hilflos	**meatless**	fleischlos
		homeless	obdachlos	**sleepless**	schlaflos
endless	endlos	**hopeless**	hoffnungslos	**wireless**	drahtlos

headphones *(pl)* ['hedfəʊnz]	*(ein)* Kopfhörer	**a pair of wireless headphones** 

carry ['kæri]	tragen; befördern, transportieren	She was **~ing** a heavy bag. It's a big ferry. It can **~** up to 120 cars. **!** *Nicht verwechseln:* • She's **carrying** two heavy bags. • She's **wearing** a red T-shirt.

board [bɔːd]	Tafel *(im Klassenraum)*	
gym [dʒɪm]	Fitnessraum, Fitnessstudio	**!** **gym** = **1.** Sporthalle, Turnhalle; **2.** Fitnessraum, Fitnessstudio
data ['deɪtə]	Daten	**!** *English:* The **data shows** that … / The **data was** collected in … *German:* Die **Daten zeigen**, dass … / Die **Daten wurden** in … gesammelt.
exercise *(no pl)* ['eksəsaɪz]	Bewegung, *(körperliches)* Training	**!** **1. exercise** *(no pl)* = Bewegung – My parents say I need more **exercise**. **2. exercise(s)** = Übung(en) – I couldn't do **exercises** 4 and 5.
p. 57 **buzz** [bʌz]	summen	A lot of bees were **~ing** around the flowers.
finish sth. ['fɪnɪʃ]	etwas aufessen, austrinken;	**!** **finish** = **1.** (be)enden;

head-mounted display [hed maʊntɪd dɪ'spleɪ]	Datenhelm, Datenbrille, Videobrille	**display** = Bildschirm, Anzeige(gerät)

Theme 2

p. 58 **keep on**	weitermachen	**keep (on) doing sth.** ◄► **stop doing sth.**

keep, kept, kept

1. keep	Can I **keep** your pen or do you want it back? You should **keep** milk in a cool place. Put on some gloves to **keep** your hands warm. Be careful. **Keep away** from the fire. **Keep me posted**, please.	**behalten** **aufbewahren** **(warm/...) halten** **sich fernhalten von** **auf dem Laufenden halten**
2. keep sth. up	You're doing a good job. **Keep it up!**	**Mach weiter so!**
3. keep on	If you **keep on** like this, you'll get in trouble.	**weitermachen**
keep (on) doing sth.	We **kept (on) walking** till we got to a village. I tried to talk to him, but he **kept shouting** at me.	**etwas immer weiter/ immer wieder/ständig tun**

sustainable [sə'steɪnəbl]	nachhaltig, umweltverträglich; zukunftsfähig	To be ~, we have to plant as many trees as we cut down. **sustainable living** = nachhaltige Lebensweise

	growth [grəʊθ]	Wachstum	Verb: **grow** – Nomen: **growth**
	the Middle Ages *(pl)* [mɪdl 'eɪdʒɪz]	das Mittelalter	! *English:* The **Middle Ages** **are** sometimes called "The Dark Ages". *German:* Das **Mittelalter** **wird** manchmal „das Dunkle Zeitalter" genannt.
	billion ['bɪliən]	Milliarde	= one thousand million (1,000,000,000)
	7000 BC [biː 'siː]	7000 v. Chr.	
	1000 AD [eɪ 'diː]	1000 n. Chr.	
p. 59	**graph** [græf], *BE auch:* [grɑːf]	Diagramm, Kurve	

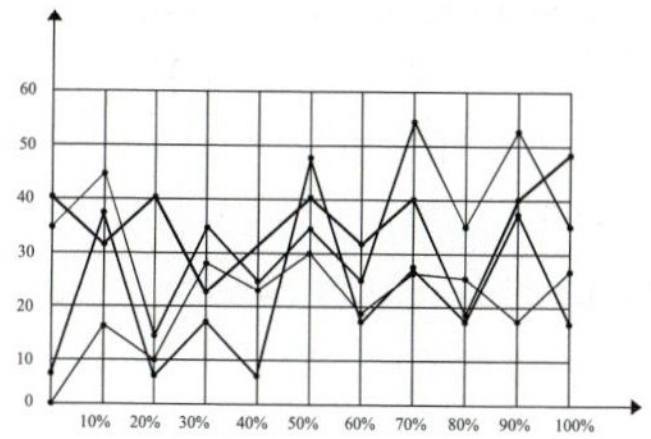

What do these **~s** tell us?

pessimistic [pesɪ'mɪstɪk]	pessimistisch	! Adjektiv: **pessimistic** – Nomen: **1. pessimist** ['pesɪmɪst] (Pessimist/in); **2. pessimism** ['pesɪmɪzəm] (Pessimismus)
optimistic [ɒptɪ'mɪstɪk]	optimistisch	! Adjektiv: **optimistic** – Nomen: **1. optimist** ['ɒptɪmɪst] (Optimist/in);

Focus on language

p. 60	**frontier (with)** ['frʌntɪə]	Grenze (zu)	**new frontiers** = Neuland, neue Ufer
	fascinate ['fæsɪneɪt]	faszinieren	I've always been **~d** by stories about other planets.
	success [sək'ses]	Erfolg	Nomen: **success** – Adjektiv: **successful** – Verb: **succeed (in)** [sək'siːd] (Erfolg haben)
	Martian ['mɑːʃn]	Marsmensch	a person or creature from the planet **Mars** [mɑːz]
	planet ['plænɪt]	Planet	! Betonung auf der 1. Silbe: **planet** ['plænɪt]
	controversial [kɒntrə'vɜːʃl]	kontrovers, umstritten	His last book was **~**. Some people loved it but most hated it.
	prediction [prɪ'dɪkʃn]	Vorhersage, Voraussage	Nomen: **prediction** – Verb: **predict** [prɪ'dɪkt] (voraussagen, vorhersagen)
	by 8 pm / by next year / by 2030 / …	bis 20 Uhr / bis nächstes Jahr / bis (zum Jahr) 2030 / …	They should be here **~ 8 pm**. (= not later than 8 pm)
	difficulty ['dɪfɪkəlti]	Schwierigkeit(en)	I always have **difficulties** with Spanish verbs. Adjektiv: **difficult** – Nomen: **difficulty**

pioneer [paɪə'nɪə]	Pionier/in	
would-be ['wʊd biː]	künftige(r, s), angehende(r, s); Möchtegern-	What training do **~-be** space travellers need? I don't like those TV programmes with all the **~-be** pop stars. I think they're boring.
sign up (for) [saɪn 'ʌp]	sich anmelden (für)	Dad has just **~ed up for** a cooking class.
concentrate (on) ['kɒnsntreɪt]	sich konzentrieren (auf)	Verb: **concentrate** ['kɒnsntreɪt] – Nomen: **concentration** [kɒnsn'treɪʃn] (Konzentration) ! *English:* I can't **concentrate on** the test. *German:* Ich kann **mich** nicht **auf** den Test **konzentrieren**.
p.61 **make it**	es schaffen, Erfolg haben	Will she **~ it** as a professional football player? I'd like to see you, but I won't **~ it** this evening.
suit [suːt]	Anzug, Kostüm	 **suits**  **a diving suit**  **a spacesuit**

		herrlich	and sunny every day.
	choir ['kwaɪə]	Chor	a **choir** 
p. 62	**wishful thinking** [wɪʃfl 'θɪŋkɪŋ]	Wunschdenken	He thinks he'll be a famous rock star one day, but that's just **wishful ~**.
	destination [destɪ'neɪʃn]	Reiseziel, Fahrtziel	You will reach your ~ in seven hours.
	several ['sevrəl]	mehrere, einige	There are ~ good restaurants in our neighbourhood. (= more than a few)
	explore [ɪk'splɔː]	erforschen, erkunden	Do you think it's exciting to ~ other planets?
	unfortunately [ʌn'fɔːtʃənətli]	unglücklicherweise, leider	We were planning a barbecue, but ~ it rained. **fortunately** ◂▸ **unfortunately** (glücklicherweise ◂▸ unglücklicherweise)

Text

global warming [gləʊbl 'wɔːmɪŋ]	Erderwärmung	
cause sth. [kɔːz]	etwas bewirken, verursachen	The bad weather **~d** many problems. ! *English:* The bad weather **caused** many trains **to be** late. (*nicht:* … ~~caused that~~ …) *German:* Das schlechte Wetter **bewirkte, dass** sich viele Züge **verspäteten**. / Das schlechte Wetter **verursachte die Verspätung** vieler Züge.
rise [raɪz], **rose** [rəʊz], **risen** ['rɪzən]	(an)steigen	Clouds of smoke **rose** from the building. Prices for food haven't **risen** much lately.
by accident	aus Versehen; zufällig	! **accident** = **1.** Unfall; **2.** Versehen; Zufall
little, less [les], **least** [liːst]	wenig	• **little** time ◂▸ **much** time **less** time ◂▸ **more** time **the least** time ◂▸ **the most** time • Travelling by train is **less** expensive than travelling by plane. Taking the bus is **the least** expensive.

(a) little — (a) few

(a) little steht mit **nicht zählbaren Nomen** wie **cheese, milk, money, time, traffic**.
few steht mit dem Plural von **zählbaren Nomen**.

! Beachte die Unterschiede zwischen **little** und **a little** und **few** und **a few**.	We had very **little money** *(= not much money)* when we were young.	**wenig/nicht viel** Geld
	Dad gave me **a little money** *(= some money)* and sent me to the shops.	**etwas/ein bisschen** Geld
	There were **few people** *(= not many people)* in the streets, so I felt a bit scared.	**wenige/nicht viele** Leute
	There were **a few people** *(= some people)* at the ticket office, but I didn't have to wait long.	**einige/ein paar** Leute

mainland ['meɪnlænd]	Festland	**mainland ◄► island**
on my/your/her/... own [əʊn]	allein, selbstständig *(ohne Unterstützung)*	Ryan didn't want to dance, so Olivia danced **on her ~**. The cake looks great. Did you make it **on your ~**?
mob [mɒb]	Mob, Menschenmenge	A ~ of about 20 football fans was waiting on the platform.

shed [ʃed]	Schuppen *(Hütte, Lagerraum)*	a **garden shed** 
graveyard ['greɪvjɑːd]	Friedhof	an old **graveyard** 
pant [pænt]	keuchen, hecheln	You're **~ing** like a dog. You ran too fast.
fear (of) [fɪə]	Furcht, Angst (vor)	I was afraid, but didn't show my **~**. Brazil? Not with my **~ of** flying! ! **Angst haben (vor)** = **be afraid/scared/frightened (of)**
crowd [kraʊd]	(Menschen-)Menge	a **huge crowd** 

rowing boat ['rəʊɪŋ bəʊt] = Ruderboot

(just) in case ... [keɪs]	(nur) für den Fall, dass ...	Let's take an umbrella, **just in ~** it rains. **In (the) case** of fire, don't panic. (Im Falle von ...)
bath [bɑːθ]	Bad; Badewanne	**!** *English:* **have a bath** *or* **take a bath** *German:* **baden, ein Bad nehmen** *(in der Badewanne)*
backwards ['bækwədz]	rückwärts; nach hinten	I'm learning to drive. I find it hard to drive **~**. And I often forget to look **~** in the mirror. **forward(s) ◄► backward(s)**
It's the way you do it.	So macht man das.	

German "man"

you	**You** should wash **your** hands before every meal.	**Man (Jede/r)** sollte sich vor jeder Mahlzeit die Hände waschen.
one	**One** should wash **one's** hands before every meal.	
	❗ In der Umgangssprache wird meist **you** für das deutsche „man" verwendet, während **one** eher förmlich klingt.	
they	**They** say it always rains in England, but that's not true.	**Man** sagt (**Die Leute** sagen), dass es in England immer regnet, …
people	**People** say it always rains in England, but that's not true.	
the passive	The boy **was taken** to hospital, but it was too late. Nothing **could be done**.	**Man** brachte den Jungen ins Krankenhaus, … **Man** konnte nichts mehr tun.

facing forwards/ backwards ['feɪsɪŋ]	nach vorn/hinten schauend; mit dem Gesicht nach vorn/ hinten	 He just stood there **facing** the sea.  a restaurant table **facing** the sea
dizzy ['dɪzi]	schwindelig	All the noise and the lights made me feel **~**.

	own [bləʊn]		sound. Please **~** out the candles when you leave. The wind was **~ing** all night.
	faint [feɪnt]	schwindelig; schwach	Adjektiv: **faint** – Verb: **faint** (in Ohnmacht fallen)
p. 65	**narrator** [nə'reɪtə]	Erzähler/in	**first-person narrator** = Ich-Erzähler/in
	message in a bottle	Flaschenpost	
			! Wenn du den Text auf den Seiten 63–64 gelesen hast, kannst du die folgenden neuen Wörter daraus zusätzlich lernen.
pp. 63–64	°**deserted** [dɪ'zɜːtɪd]	menschenleer, wie ausgestorben	
	°**derelict** ['derəlɪkt]	heruntergekommen, verfallen	 **derelict buildings**

°**burst** [bɜːst], **burst, burst**	bersten, platzen	
°**slow down** [sləʊ 'daʊn]	(sich) verlangsamen, langsamer werden	Don't drive so fast! There are children in the road – please **~ down**.
°**put** sth. **off**	etwas verschieben, hinauszögern	Don't **~** it **off** till tomorrow. Do it now.

put

put sth. in	Please **put in** (= fill in) your name and address.	einsetzen, eingeben
put sth. off	Do it now. Don't **put** it **off** till tomorrow.	verschieben, hinauszögern
put sth. on	It's cold outside. I'd **put on** a pullover. The driver **put on** the police car's siren.	**1.** anziehen; aufsetzen **2.** einschalten
put sth. up	Can you help me to **put up** this picture?	aufhängen

°**tiny** ['taɪni]	winzig	= very small **tiny ◄► huge**
°**loner** ['ləʊnə]	Einzelgänger/in	
°**hang around, hung, hung** *(infml)*	herumhängen	After school we often **~ around** at the bus stop.

[nuːm] (*fml*)

°**slip** [slɪp]	(aus)rutschen	He **~ped** on the wet grass and fell down.
°**contain** [kən'teɪn]	enthalten	I can't eat this chocolate. It **~s** nuts.
°**storm** [stɔːm]	stürmen	The soldiers **~ed** down the hill and into the village.
°**splash** [splæʃ]	spritzen, platschen	Dogs love **~ing** through the water.
°**drag** [dræg]	zerren, (mit Mühe) ziehen, schleifen	I didn't feel great, but I **~ged** myself to work. (… ich schleppte mich zur Arbeit)
°**shore** [ʃɔː]	Ufer *(eines Sees)*	
°**supply** [sə'plaɪ]	Versorgung, Lieferung; Vorrat	We have no more **supplies**. We'll have to go shopping.
°**pause** [pɔːz]	kurz innehalten, Pause machen	She **~d** a moment before she answered my question.
°**breath** [breθ]	Atem	**pause for breath** = kurz Pause machen, um Luft zu holen

°**own** [əʊn]	besitzen	I ~ this boat. = This is my boat. I'm the owner.
°**belong to** sb. [bɪ'lɒŋ]	jm. gehören; zu jm. gehören	This boat **~s to** me. = I own this boat.
°**they would sit ...**	sie saßen (früher) immer ...	

German "Früher ..." – used to + infinitive / would + infinitive

- Wenn man beschreiben will, was **früher** der Fall war, aber heute nicht mehr, dann kann man **used to ...** verwenden:

We **used to live** in Manchester.	Wir wohnten früher in Manchester.
Manchester United **used to be** my favourite team.	Früher war Manchester United meine Lieblingsmannschaft.
I **used to spend** a lot of money on sports magazines.	Ich habe früher immer viel Geld für Sportzeitschriften ausgegeben.

- Wenn es um Handlungen geht – also um Dinge, die man **früher immer gemacht** hat –, kann man auch **would ...** benutzen:

Grandpa **would visit** us every Sunday after church.	Opa besuchte uns jeden Sonntag nach der Kirche. / Opa pflegte uns jeden Sonntag ... zu besuchen.
We **would** often **go** for long walks in the woods.	Wir haben oft lange Spaziergänge im Wald gemacht.

°**magic** ['mædʒɪk]	Zauberei, Magie	! Betonung auf der 1. Silbe: **magic** ['mædʒɪk]
°**sense (of ...)** [sens]	Gefühl (von), (...-)Bewusstsein	His **~ of** time is terrible. He's always late. **sense of time** = Zeitgefühl

beat, beaten ['bi:tn] *(infml)*	*Regen)*	made a lot of noise.
°**replay** sth. [ri:'pleɪ]	etwas (vor dem inneren Auge) noch einmal Revue passieren lassen; sich etwas noch einmal vor Augen führen	She lay in bed and **~ed** her accident over and over again.
°**nightmare** ['naɪtmeə]	Albtraum	= a very frightening dream or a very frightening experience After the attack I had terrible **~s** for months. Our flight was a **~**. Everything went wrong!

Skills training

p. 66	**robot** ['rəʊbɒt]	Roboter	
	exhibition [eksɪ'bɪʃn]	Messe; Ausstellung	This new device was presented at last year's technology **~**. (Messe) I want to see the Chagall **~** at the museum. (Ausstellung)
	and so on	und so weiter	= etc.
	gadget ['gædʒɪt]	Gerät, Apparat, technischer Krimskrams	= a device, usually a small one, that does something useful
	do without sth.	ohne etwas auskommen	You can keep that pen. I can **~ without** it. I have many more.

	drawing ['drɔːɪŋ]	Zeichnung	**do a drawing** = eine Zeichnung machen Nomen: **drawing** – Verb: **draw** [drɔː], **drew** [druː], **drawn** [drɔːn] (zeichnen)
p. 67	**complaint** [kəm'pleɪnt]	Beschwerde	Verb: **complain** – Nomen: **complaint** **make a complaint (about sth.)** = eine Beschwerde vorbringen (über etwas), etwas beanstanden
	uncomfortable [ʌn'kʌmftəbl]	unbequem	**comfortable ◄► uncomfortable**
	take sth. **off** [teɪk 'ɒf]	etwas abnehmen, absetzen *(Brille, Hut)*; etwas ausziehen *(Kleidung)*	**put sth. on ◄► take sth. off**
	battery ['bætəri]	Batterie, Akku	**battery life** = Batterie-/Akku-Laufzeit
	poor [pɔː, pʊə]	schlecht, schwach, minderwertig	! **poor** = **1.** arm; **2.** schlecht, schwach, minderwertig
	in addition [ə'dɪʃn]	außerdem	This mobile is very expensive. **In ~**, it's made of plastic and will break easily.
	be supposed to be/do sth. [sə'pəʊzd]	etwas sein sollen/ etwas tun sollen	We**'re** not **~ to** use our mobiles at school, but some of us do. I haven't heard their new CD yet, but it**'s ~ to** be really good.
	count [kaʊnt]	zählen	I can ~ from 1 to 10 in Russian.

circumstances *(pl)* ['sɜːkəmstənsɪz]	Umstände	**under the circumstances** = unter diesen Umständen
refund ['riːfʌnd]	Rückzahlung, (Kosten-)Erstattung	Nomen: **refund** ['riːfʌnd] – Verb: **refund** [rɪ'fʌnd] (erstatten, rückerstatten)
attach (to) [ə'tætʃ]	anfügen; anhängen *(an Brief, E-Mail)*	Can you ~ the photos and mail them to me? I'm **~ing** some photos of Ashley's party.
receipt [rɪ'siːt]	(Kauf-)Beleg, Quittung, Kassenzettel	! **False friends:** *English* **receipt** [rɪ'siːt] = *German* **Beleg, Quittung, Kassenzettel** *English* **recipe** ['resəpi] = *German* **(Koch-)Rezept**
within [wɪ'ðɪn]	innerhalb (von), in	We have to finish our project ~ two weeks.
last (for) [lɑːst]	(an)halten, (an)dauern	! *German* **dauern**: **1.** *(Zeit benötigen)* **take** – It usually **takes** 15 minutes to get home, but this evening it **took (us)** an hour. **2.** *(andauern; halten)* **last** – A football match **lasts** 90 minutes. The battery **lasts for** 12 hours.
vague [veɪg]	vage, unbestimmt	I have only a ~ idea about how a computer works.

	formal ['fɔːml]	formell, förmlich *(Kleidung)*	Your letter of application should be quite ~. It was just a party, so I didn't wear ~ clothes. **formal ◀▶ informal** [ɪn'fɔːml] (informell, locker)
p. 69	**thunder** ['θʌndə]	Donner	

MORE CHALLENGE 1

p. 30	°**poach** [pəʊtʃ]	wildern, unerlaubt jagen	= hunt illegally
	°**be at record level(s)** ['levl]	einen Höchststand / ein Rekordniveau erreicht haben	**level** = Niveau; Stufe
	°**consequence** ['kɒnsɪkwəns]	Konsequenz, Folge	I've been a bit lazy recently. The ~ was that I did badly in two exams. / **As a ~,** I did badly in two exams. **as a consequence** = als Folge, folglich **!** Betonung auf der 1. Silbe: **consequence** ['kɒnsɪkwəns]
	°**certain** ['sɜːtn]	bestimmte(r, s), gewisse(r, s)	I don't want to give any names, but ~ people in our team are a bit difficult to work with.
	°**extinction** [ɪk'stɪŋkʃn]	Ausrottung, Aussterben	Nomen: **extinction** – Adjektiv: **extinct** [ɪk'stɪŋkt] (ausgestorben)
	°**anti-** ['ænti]	anti-, gegen-	
	°**moon** [muːn]	Mond	the **moon** 

°**track** [træk]	(zurück-, nach)verfolgen, beobachten	❗ **track** = **1.** Pfad, (Feld-)Weg; **2.** (zurück-, nach)verfolgen, beobachten
°**armed** [ɑːmd]	bewaffnet	**armed soldiers**
°**confront** sb. [kənˈfrʌnt]	jn. konfrontieren, jm. entgegentreten	❗ Betonung auf der 2. Silbe: **confront** [kənˈfrʌnt]
°**put** sth. *(+ Adverb)*	etwas *(auf eine bestimmte Art)* ausdrücken, formulieren	

put sth. politely/simply ... **(etwas höflich/einfach/ ... ausdrücken)**

I don't understand. Can you **put it more simply**?	... Kannst du es einfacher ausdrücken?
To put it mildly, the service at the hotel was a disaster.	Gelinde gesagt, ...
The food was ... how shall I **put it**? ... a bit disappointing.	Das Essen war ... wie soll ich sagen? ...
As my brother put it, "You can't have everything."	Wie mein Bruder es ausdrückte, ...
I often find it difficult to **put my feelings into words**.	... meine Gefühle in Worten auszudrücken.

°**therefore** [ˈðeəfɔː]	daher, deshalb	= a more formal word for "so" or "that's why"

	°**at a time**	jeweils, ununterbrochen	**three weeks at a time** = drei Wochen am Stück
	°**despite** [dɪ'spaɪt]	trotz	= in spite of

MORE CHALLENGE 2

p. 52	°**bicycle** ['baɪsɪkl]	Fahrrad	"Bike" is short for "**bicycle**".
	°**shameful** ['ʃeɪmfl]	schändlich, beschämend	
	°**well-heeled** [wel 'hiːld] *(infml)*	gut betucht, wohlhabend	A ~ **-heeled** area is one where lots of rich people live.
	°**draw** sb.'s **attention to** sth. [ə'tenʃn]	js. Aufmerksamkeit auf etwas lenken	
	°**instinctive** [ɪn'stɪŋktɪv]	instinktiv	! Betonung auf der 2. Silbe: **instinctive** [ɪn'stɪŋktɪv]
	°**intervene (in)** [ɪntə'viːn]	eingreifen, einschreiten (in, bei); sich einmischen (in)	The kids are fighting again … should we **~**?
	°**state** [steɪt]	Zustand	I was in a **~** of shock when I heard the news. ! **state** = **1.** Staat; **2.** Zustand
	°**menacing** ['menəsɪŋ]	drohend, bedrohlich	If something or someone is **~**, you're afraid of it/them.
	°**curse** [kɜːs]	fluchen	He **~d** when he arrived on the platform and saw that his train had just left.

		Do you have any ~ questions?
°**be about**	da sein, anwesend sein, sich aufhalten	There **weren't** many people ~ when the attack happened.
°**concerned (for/about)** [kən'sɜːnd]	besorgt (um)	A boy is missing from his home in Stoke-on-Trent. The police are **concerned for** his welfare.
°**welfare** ['welfeə]	Wohl, Wohlergehen	
°**motorcycle** ['məʊtəsaɪkl]	Motorrad	a **motorcycle** 
°**straight** [streɪt]	gerade	I like bends. **Straight** roads are boring when you're riding a motorcycle.
°**conclude** [kən'kluːd]	schließen, schlussfolgern	From her accent we **~d** that she was German.
°**If he were to …**	Wenn/Falls er … →	• **If he were to win** the race, he would get a lot of money. (**Wenn/Falls er gewinnen sollte, …/ Sollte er gewinnen, …**) • **If it were to snow** tomorrow, we could go skiing. (**Wenn/Falls es schneien sollte, …/ Sollte es schneien, …**)

	°**retreat** [rɪ'triːt]	sich zurückziehen	I didn't want to get into a fight, so I **~ed**.
	°**inexplicable** [ɪnɪk'splɪkəbl]	unerklärlich	When something is **~**, it cannot be explained.
	°**incident** ['ɪnsɪdənt]	Vorfall, Begebenheit	= something that happens
	°**pass** [pɑːs]	vorübergehen, vorbeigehen *(Zeit, Moment, Gelegenheit)*	When the first wave of shock has **~ed**, we'll be able to think clearly again. I wanted to tell her the truth, but the moment **~ed**, and then it was too late.
	°**account** [ə'kaʊnt]	Bericht, Beschreibung	Your **~** of the incident sounds very different from your friend's!
	°**that sort of thing** [sɔːt]	so etwas; dergleichen	What kind of music do you like? – Hip hop, rap, **that ~ of thing**.
	°**misgivings** *(pl)* [mɪs'gɪvɪŋz]	Bedenken	= bad feelings
p. 53	°**enrich** [ɪn'rɪtʃ]	bereichern, anreichern	= make sth. better, e.g. by adding things You can **~** this sauce by adding some cream.

MORE CHALLENGE 3

p. 74	°**fellow student** ['feləʊ]	Mitschüler/in	Our **~ passengers** on the plane were very patient when our baby cried.
	°**embarrass** sb. [ɪm'bærəs]	jn. in Verlegenheit bringen	I hate it when my parents **~** me in front of my friends. It **~es** me when this happens. =

		English: She has **a good sense of humour**. / She has **no sense of humour**. *German:* Sie hat **Humor**. / Sie hat **keinen (Sinn für) Humor**.
p. 75 °**rob** [rɒb]	ausrauben, berauben	A bank robber is someone who **~s** a bank. ! You **rob somebody/a bank/a supermarket**. (jn./etwas ausrauben, berauben) You **steal something from somebody**. (jm. etwas stehlen)
°**class representative** [reprɪˈzentətɪv]	Klassensprecher/in	
°**give a speech**	eine Rede halten	I'm always nervous when I have to **~ a speech** or a presentation.
°**expression** [ɪkˈspreʃn]	Ausdruck	
°**have** sth. **done (by** sb.**)**	etwas (von jm.) machen lassen	Your hair looks nice. Did you cut it yourself or did you **~ it cut**? – I **had it cut by** Li.

Irregular verbs

infinitive	simple past	past participle	
be	*I/he/she/it* **was**; *you/we/you/they* **were**	**been**	sein
beat	**beat**	**beaten**	schlagen, besiegen
become	**became**	**become**	werden
begin	**began**	**begun**	beginnen, anfangen
bite [aɪ]	**bit** [ɪ]	**bitten** [ɪ]	beißen
bleed	**bled**	**bled**	bluten
blow	**blew**	**blown**	blasen, pusten; wehen *(Wind)*
break	**broke**	**broken**	brechen; zerbrechen
bring	**brought**	**brought**	bringen, mitbringen
build	**built**	**built**	bauen
burst	**burst**	**burst**	bersten, platzen
buy	**bought**	**bought**	kaufen
catch	**caught**	**caught**	fangen, erwischen
choose [uː]	**chose** [əʊ]	**chosen** [əʊ]	(sich) aussuchen, (aus)wählen
come	**came**	**come**	kommen
cost	**cost**	**cost**	kosten
creep up (on)	**crept**	**crept**	sich heranschleichen (an)
cut	**cut**	**cut**	schneiden; *(Rasen)* mähen

deal with	**dealt** [e]	**dealt** [e]	umgehen mit, fertigwerden/klarkommen mit
do	**did**	**done** [ʌ]	tun, machen
draw	**drew**	**drawn**	zeichnen
drink	**drank**	**drunk**	trinken
drive [aɪ]	**drove**	**driven** [ɪ]	*(mit dem Auto)* fahren; (an)treiben
eat	**ate** [et, eɪt]	**eaten**	essen
fall	**fell**	**fallen**	fallen, hinfallen
feed	**fed**	**fed**	füttern
feel	**felt**	**felt**	fühlen; sich fühlen
fight	**fought**	**fought**	kämpfen; bekämpfen
find	**found**	**found**	finden
fly	**flew**	**flown**	fliegen
forget	**forgot**	**forgotten**	vergessen
freeze	**froze** [əʊ]	**frozen** [əʊ]	(ge)frieren; erstarren
get	**got**	**got**	bekommen; holen, besorgen; werden; gelangen, (hin)kommen
give	**gave**	**given**	geben
go	**went**	**gone** [ɒ]	gehen
grow	**grew**	**grown**	wachsen; anbauen, anpflanzen; (allmählich) werden
hang	**hung**	**hung**	hängen
have	**had**	**had**	haben

infinitive	simple past	past participle	
hear [ɪə]	**heard** [ɜː]	**heard** [ɜː]	hören
hide [aɪ]	**hid** [ɪ]	**hidden** [ɪ]	verstecken; sich verstecken
hit	**hit**	**hit**	schlagen; treffen; prallen/stoßen gegen/auf
hold	**held**	**held**	halten
hurt	**hurt**	**hurt**	verletzen; wehtun
keep	**kept**	**kept**	behalten; halten; aufbewahren
know [nəʊ]	**knew** [njuː]	**known** [nəʊn]	wissen; kennen
leave	**left**	**left**	abfahren; (weg)gehen; verlassen; zurücklassen
lend sb. sth.	**lent**	**lent**	jm. etwas leihen
let	**let**	**let**	lassen
lie [aɪ]	**lay**	**lain**	liegen
light	**lit**	**lit**	anzünden
lose [uː]	**lost** [ɒ]	**lost** [ɒ]	verlieren
make	**made**	**made**	machen
mean [iː]	**meant** [e]	**meant** [e]	bedeuten; meinen, sagen wollen
meet	**met**	**met**	treffen; sich treffen; kennenlernen
overspend (on)	**overspent**	**overspent**	zu viel Geld ausgeben (für)
overtake	**overtook**	**overtaken**	überholen
pay	**paid**	**paid**	bezahlen
put	**put**	**put**	*(etwas wohin)* tun, legen, stellen

read [iː]	**read** [e]	**read** [e]	lesen
retell	**retold**	**retold**	nacherzählen
rewrite	**rewrote**	**rewritten**	noch einmal schreiben, neu schreiben
ride [aɪ]	**rode**	**ridden** [ɪ]	reiten; *(Rad)* fahren
ring	**rang**	**rung**	läuten, klingeln; anrufen
rise	**rose**	**risen**	(an)steigen
run	**ran**	**run**	rennen, laufen
say [eɪ]	**said** [e]	**said** [e]	sagen
see	**saw**	**seen**	sehen
sell	**sold**	**sold**	verkaufen
send	**sent**	**sent**	schicken, senden
set the table	**set**	**set**	den Tisch decken
shake	**shook**	**shaken** [eɪ]	schütteln
shine	**shone** [ɒ]	**shone** [ɒ]	scheinen *(Sonne)*
shoot	**shot**	**shot**	erschießen, schießen (auf)
show	**showed**	**shown**	zeigen
shut up	**shut**	**shut**	den Mund halten
sing	**sang**	**sung**	singen
sit	**sat**	**sat**	sitzen
sleep	**slept**	**slept**	schlafen
speak	**spoke**	**spoken**	sprechen
speed	**sped**	**sped**	rasen, zu schnell fahren
spend	**spent**	**spent**	ausgeben *(Geld)*; verbringen *(Zeit)*

infinitive	simple past	past participle	
spread	**spread**	**spread**	verbreiten *(z.B. Krankheit)*
stand	**stood**	**stood**	stehen; sich (hin)stellen
steal	**stole**	**stolen**	stehlen
stick	**stuck**	**stuck**	(haften) bleiben
sting	**stung**	**stung**	stechen *(Insekt)*; brennen
stink	**stank**	**stunk**	stinken
swim	**swam**	**swum**	schwimmen
swing	**swung**	**swung**	schwingen
take	**took**	**taken**	nehmen; mitnehmen; (weg-, hin)bringen; dauern, *(Zeit)* brauchen
teach	**taught**	**taught**	unterrichten, lehren
tell	**told**	**told**	erzählen, berichten
think	**thought**	**thought**	denken
throw	**threw**	**thrown**	werfen
understand	**understood**	**understood**	verstehen
wake	**woke**	**woken**	wecken
wear [eə]	**wore** [ɔː]	**worn** [ɔː]	tragen, anhaben *(Kleidung)*
win	**won** [ʌ]	**won** [ʌ]	gewinnen
write	**wrote**	**written**	schreiben

Es gibt einige Wörter, die im Englischen und Deutschen ähnlich klingen oder aussehen, aber eine ganz andere Bedeutung haben – sogenannte *false friends*. Hier sind einige Beispiele:

English	German
also	= auch
become	= werden
boot	= Stiefel
build	= bauen
chips	= Pommes frites
fire	= Feuer
kind	= freundlich
handy	= praktisch
listen	= zuhören
map	= Landkarte
mist	= Nebel
snake	= Schlange
stay	= bleiben
where	= wo
while	= während

German	English
also	**= so; Well ...**
bekommen	**= get**
Boot	**= boat**
bilden	**= make, form**
Kartoffelchips	**= crisps**
Feier	**= celebration**
Kind	**= child**
Handy	**= mobile**
Listen	**= lists**
Mappe	**= folder**
Mist *(Unsinn)*	**= rubbish**
Schnecke	**= snail**
stehen	**= stand**
wer	**= who**
weil	**= because**

! Wenn du nicht sicher bist, ob du es vielleicht mit einem *false friend* zu tun hast, dann schau vorsichtshalber in einem guten Wörterbuch nach.

Typical exam instructions

General	Allgemein
Read the tasks carefully.	Lies die Aufgaben sorgfältig.
You now have 60 seconds to read the tasks.	Du hast ab jetzt 60 Sekunden zum Lesen der Aufgaben.
Now do the tasks.	Nun bearbeite die Aufgaben.
Tick the correct box / the correct boxes.	Setze ein Häkchen (✓) in das / die richtige(n) Kästchen.
Tick the right statements. (There's only one possible answer per statement.)	Setze ein ✓ bei den korrekten Aussagen. (Pro Aussage ist nur eine Antwort möglich.)
Complete the sentences (with not more than three words per gap / … than two words each).	Vervollständige die Sätze (mit bis zu drei Wörtern pro Lücke / mit je bis zu zwei Wörtern).
Fill in the information / the missing words.	Füge die Information / die fehlenden Wörter ein.
Fill in suitable words / the correct numbers.	Füge passende Wörter / die korrekten Zahlen ein.
Fill in only one detail per box.	Füge nur ein Detail pro Kästchen ein.
Complete these sentences.	Vervollständige diese Sätze.
There is only one possible answer.	Es gibt nur eine mögliche Antwort.
There are two more words than you need.	Es gibt zwei Wörter mehr als du benötigst.
Choose the correct options and fill in the blanks.	Wähle die korrekten Varianten und fülle die Lücken aus.
Mark *true* or *false*.	Markiere (z.B. mit einem ✗) *wahr* oder *falsch*.
There is an example at the beginning.	Am Anfang steht ein Beispiel.
You have a choice here. Choose one of the following tasks: …	Hier hast du die Wahl. Wähle eine der folgenden Aufgaben aus: …

u are going to hear a story / an interview about …
Listen to the interview.
Listen to these people talking about … Who thinks what? Tick the correct letters.
You will hear five short conversations.
You will hear each conversation twice.
While you are listening, tick the correct box / …
At the end you will hear the story / interview again.
Now listen to the story and do the tasks.
Which word group completes the sentence best?
Mark the correct option to complete the sentences.
Complete the table using two to five words.

Reading and Writing

First read the text. Then read the sentence beginnings and tick the correct ending.
First read the information about the people, then look at the job / holiday / … offers. In each case find two options the person could choose.
You need not write complete sentences.
Quote from the text.
Find the correct parts of Mr Miller's quote.
Match each of these headings with a suitable paragraph from the text. (Some paragraphs don't match.)
Match the correct sentence parts. (Write down the letter in the box.)
Match 1–4 to the information given in A–G. Some information doesn't fit.

Du wirst eine Geschichte / ein Interview über … hören.
Höre dir das Interview an.
Höre dem Gespräch dieser Personen über … zu. Wer denkt was? Setze ein ✓ bei den korrekten Buchstaben.
Du wirst fünf kurze Gespräche hören.
Du wirst jedes Gespräch zweimal hören.
Während du zuhörst, setze ein ✓ in das richtige Kästchen.
Am Ende hörst du die Story / das Interview nochmal.
Höre dir jetzt die Geschichte an und löse die Aufgaben.
Welche Wortgruppe vervollständigt den Satz am besten?
Markiere die jeweils korrekte Vervollständigung der Sätze.
Vervollständige die Tabelle mit zwei bis fünf Wörtern.

Leseverstehen und Schreiben

Lies zuerst den Text. Dann lies die Satzanfänge und setze ein ✓ beim jeweils korrekten Satzende.
Lies zuerst die Informationen über die Personen, dann schau dir die Job-/ Ferien-/ …-Angebote an. Finde für jede Person zwei Möglichkeiten, die sie wählen könnte.
Du musst keine vollständigen Sätze schreiben.
Zitiere aus dem Text.
Finde die korrekten Teile aus Mr. Millers Zitat.
Ordne jede dieser Überschriften einem passenden Textabsatz zu. (Zu einigen Absätzen passt keine Überschrift.)
Ordne die passenden Satzteile einander zu. (Schreibe den Buchstaben in das Kästchen.)
Ordne 1–4 den Informationen in A–G zu. Einige Informationen lassen sich nicht zuordnen.

Answer the questions below. Give short answers.	Beantworte die unten stehenden Fragen kurz.
Answer the questions in complete sentences.	Beantworte die Fragen mit vollständigen Sätzen.
You can't find the answers to the following questions directly in the text.	Du wirst auf die folgenden Fragen keine direkten Antworten im Text finden.
The following words have more than one meaning. Which of the meanings is the one used in the text?	Die folgenden Wörter haben mehr als eine Bedeutung. Welche Bedeutung ist im Text gemeint?
Write down the German meaning as used in the text.	Schreibe die im Text gemeinte deutsche Bedeutung auf.
Complete the following sentences with suitable phrases from the text (with not more than five to seven words per gap).	Vervollständige die folgenden Sätze mit passenden Wendungen aus dem Text (max. fünf bis sieben Wörter pro Lücke).
Finish the sentences using information from the text.	Beende die Sätze mit Informationen aus dem Text.
Decide whether the following statements are right or wrong.	Entscheide, ob die folgenden Aussagen wahr oder falsch sind.
Find out whether the following statements are true, false or not given in the text. Tick the correct box.	Sind die folgenden Aussagen wahr, falsch oder nicht im Text gegeben? Setze ein ✓ in das korrekte Kästchen.
Scan paragraph A. Name two examples …	Scanne Absatz A. Nenne zwei Beispiele …
Find the opposites in the text.	Finde im Text die Gegensätze.
Find words or expressions that mean more or less the same.	Finde bedeutungsähnliche Wörter oder Wendungen.
Complete the text with words from the box.	Vervollständige den Text mit Wörtern aus dem Kasten.
Fill in suitable words or tick the correct box.	Trage passende Wörter ein oder setze ein ✓ beim korrekten Kästchen.
Complete the text with the correct form of the verbs.	Vervollständige den Text mit den korrekten Verbformen.
Use each word only once.	Verwende jedes Wort nur einmal.
Write complete sentences.	Schreibe vollständige Sätze.
Include the following points: …	Berücksichtige die folgenden Punkte: …
Make sure to write about all the aspects presented in each task.	Achte darauf, dass du über <u>alle</u> Aspekte jeder Aufgabe schreibst.
Write at least 80 words.	Schreibe mindestens 80 Wörter.
Write your introductory letter.	Schreibe einen Brief, in dem du dich vorstellst.

Comment on the statement (from your point of view).	Kommentiere die Aussage (aus deiner Sicht).
Write about your own experience.	Schreibe über deine eigenen Erfahrungen.
Give your personal opinion about / of / on …	Schreibe deine persönliche Meinung über / zu …
Give reasons for your opinion.	Begründe deine Meinung.
Write a conclusion and state …	Schreibe eine Schlussfolgerung und lege … dar.
Write a diary entry / a letter of complaint / a suitable ending (in the way the story is told).	Schreibe einen Tagebucheintrag / eine Beschwerde / ein passendes Ende (im Stil der Geschichte).
Read what the blogger has written. Then write back, answering all of her questions. Write 100–160 words.	Lies den Blog-Eintrag. Dann antworte und berücksichtige alle Fragen der Bloggerin. Schreibe 100–160 Wörter.
Write a reply to the blog entry / email and include at least four of these aspects: …	Schreibe eine Antwort auf den Blog-Eintrag / die E-Mail und berücksichtige mindestens vier dieser Aspekte: …
Continue the dialogue / conversation.	Setze den Dialog / die Konversation fort.
Write a structured text in which you show …	Schreibe einen gegliederten Text, in dem du … zeigst.
Choose one topic and mark it. Write a text of about 180 words. Count your words and write the number at the end of the text.	Wähle ein Thema aus und markiere es. Schreibe etwa 180 Wörter. Zähle die Wörter und schreibe die Summe ans Ende deines Texts.
Explain two of the following words in complete sentences.	Erkläre zwei der folgenden Wörter in vollständigen Sätzen.
Complete the questionnaire below. Write keywords or short sentences.	Vervollständige den untenstehenden Fragebogen. Schreibe Stichwörter oder kurze Sätze.
You want to sell … Write an advert. Include: a headline or a slogan, information on the … and its condition, on price and transport.	Du möchtest … verkaufen. Schreibe eine Anzeige: mit einer Überschrift / einem Slogan, Informationen über …, seinen Zustand, über den Preis und den Transport.
Choose one of the following tasks and write about 150 words.	Wähle eine der folgenden Aufgaben aus und schreibe ca. 150 Wörter.
What is the story behind the picture? Imagine you're one of the people. Write a text and include at least four of the following aspects: …	Was ist die Geschichte hinter dem Bild? Stell dir vor, eine der abgebildeten Personen zu sein. Schreibe einen Text und berücksichtige mindestens vier dieser Aspekte: …

Speaking	Sprechen
Describe the picture.	Beschreibe das Bild.
Look at the role card and act out the conversation.	Sieh dir die Rollenkarte an und führe das Gespräch vor.
Talk about what you think of …	Sprich darüber, was du über … denkst.
Give reasons.	Begründe.
Give (more) examples.	Gib (mehr) Beispiele an.
Discuss the advantages and disadvantages of …	Erörtere / Diskutiere die Vor- und Nachteile von …
Name other possibilities.	Nenne andere Möglichkeiten.
Explain which … you would choose and why.	Erläutere, welche/n/s … du wählen würdest und warum.
Explain the positive and negative aspects / the pros and cons of …	Erläutere die positiven und negativen Aspekte von / die Pro- und Contra-Argumente zu …
Ask four different questions about … Use four different question forms.	Stelle vier verschiedene Fragen zu … Verwende vier unterschiedliche Frageformen.

Mediation	Sprachmittlung
Read the information and write down the main ideas in German.	Lies die Informationen und notiere die Hauptgedanken auf Deutsch.
Read the text and write down five tips in German that are important when …	Lies den Text und notiere fünf Tipps auf Deutsch, die wichtig bei … sind.
Summarize the article in complete German sentences.	Fasse den Artikel in vollständigen deutschen Sätzen zusammen.
Pass on the information.	Gib die Informationen (auf Deutsch) weiter.

Titelbild

Shutterstock/Dudarev Mikhail

Bildquellen

Shutterstock (S. 5: Solaie; S. 7 oben: Blan-k, unten: Artisticco; S. 9: Henrique Daniel Araujo; S. 10: John Carnemolla; S. 14 oben: Rudchenko Liliia, unten: suwatpatt; S. 15: AlexMaster; S. 16: Nightman1965; S. 18 oben li.: Victoria Kurylo, oben re.: saknakorn, unten li.: Gouraud Studio, unten re.: Misha Beliy; S. 19: Camilo Torres; S. 20: ChrisVanLennepPhoto; S. 25: Elena Noeva; S. 27: Zerbor; S. 28: Vertes Edmond Mihai; S. 29 li.: Arcady, re.: phoelixDE; S. 30 li.: kulyk, re.: Earl Wilkerson; S. 31 li.: Dja65, re.: Early Spring; S. 32 oben: STILLFX, unten li.: AlexRoz, unten re.: Petr Malyshev; S. 33: Robert Crum; S. 34 li.: Neil Mitchell, re.: StockCube; S. 35: nulinukas; S. 36 oben: ArtStudia Group, unten: Weenee; S. 37 oben: Tyler Olson, unten: Minerva Studio; S. 38 li.: Hriana, re.: Fer Gregory; S. 39 oben: Blablo101, unten: wavebreakmedia; S. 41: Christopher Elwell; S. 42: Slavoljub Pantelic; S. 43 oben: AlexRoz, unten: Maksym Bondarchuk; S. 44: Ivonne Wierink; S. 46: Liudmyla Marykon; S. 48 li.: Neda Sadreddin, Mitte: wizdata1, re.: HIRO-Lab; S. 49: grace21; S. 52 oben: tektur, Mitte: Punyaruk Baingern, unten: Ints Vikmanis; S. 53: Microgen; S. 54 li.: Patrick Foto, re.: pavel dudek; S. 55: Marbury; S. 56: CTR Photos; S. 57: Zadiraka Evgenii; S. 62: Ricardo Reitmeyer; S. 63: BPTU; S. 65: Rafal Kulik)

English G · Lighthouse · Band 6
Vokabeltaschenbuch

Im Auftrag des Verlages herausgegeben von
Wolfgang Biederstädt, Köln
Frank Donoghue, Nenagh, Ireland

Erarbeitet von
Ingrid Raspe, Düsseldorf
Uwe Tröger, Hannover

Titelbild
Shutterstock/Dudarev Mikhail

Layoutkonzept und technische Umsetzung
Klein & Halm Grafikdesign, Berlin

Umschlaggestaltung
Cornelsen Verlag Design unter Verwendung
der Entwürfe von Klein & Halm Grafikdesign, Berlin,
und kleiner & bold, Berlin

www.cornelsen.de

Alle Drucke dieser Auflage sind inhaltlich unverändert und können im Unterricht nebeneinander verwendet werden.

Druck: H. Heenemann, Berlin

1. Auflage, 1. Druck 2017
ISBN 978-3-06-034175-7

PEFC zertifiziert
Dieses Produkt stammt aus nachhaltig bewirtschafteten Wäldern und kontrollierten Quellen.